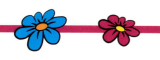

A parábola da
moeda perdida

Quando a encontra, chama as amigas e as vizinhas, e diz:

Leia a parábola da moeda perdida em Lucas, capítulo 15, versículos de 8 a 9.

Nesta parábola, as moedas podem ser comparadas a cada um de nós.

Às vezes, nós também nos perdemos, talvez porque fiquemos tentados pela curiosidade do novo, do diferente, do atraente. Deus, ao contrário, é como aquela mulher, que, com muito cuidado, com muito amor, se põe à procura da moeda. As moedas não tinham grande valor, mas, para aquela mulher, uma só delas representava uma enorme riqueza. Isto nos ensina que, embora possamos nos considerar pessoas simples, sem nada de especial ou frágeis, aos olhos de Deus significamos muito. E se erramos, Deus, como Pai amoroso, nos perdoa. E, juntos, comemoramos o reencontro.

A charada

Quando erramos, Deus vem nos procurar. Se você realmente se arrepender, pode receber dele um belíssimo presente. O que será?

A moeda ou a dracma

Procure o significado da palavra "dracma" e escreva-o nas linhas abaixo. Depois, você pode se divertir completando e colorindo o desenho.

Cara

Coroa